# Intelligenza Artificiale e Il Futuro dell'Educazione

*Enrico Guardelli*

Idea di copertina di: MedTechBiz

## MedTechBiz
# PUBLISHER

*Intelligenza Artificiale e Il Futuro dell'Educazione*

## Introduzione

L'istruzione sta attraversando una rivoluzione silenziosa, guidata dall'innovazione tecnologica. Tra le varie innovazioni, l'intelligenza artificiale (AI) si distingue come una delle più trasformative.

Dai tutor virtuali personalizzati ai sistemi di valutazione automatizzati, l'intelligenza artificiale sta rimodellando il modo in cui insegniamo e apprendiamo.

Storicamente, l'istruzione è stata lenta nell'adottare le nuove tecnologie. Tuttavia, la rapida evoluzione dell'intelligenza artificiale negli ultimi anni ha costretto scuole, università e altre istituzioni educative a rivalutare i loro approcci tradizionali.

L'intelligenza artificiale offre una promessa unica: la capacità di personalizzare l'apprendimento su una scala mai vista prima. Gli strumenti basati sull'intelligenza artificiale possono adattare i contenuti didattici alle esigenze individuali degli studenti, offrendo un supporto personalizzato in tempo reale.

La promessa dell'intelligenza artificiale nell'istruzione va oltre la personalizzazione. Comprende l'automazione delle attività amministrative, l'analisi di grandi volumi di dati educativi per ottenere approfondimenti e la creazione di ambienti di apprendimento interattivi e coinvolgenti.

Queste capacità non solo aumentano l'efficienza dei sistemi educativi, ma consentono anche a insegnanti e amministratori di concentrarsi su ciò che sanno meglio: insegnare e sostenere gli studenti.

Tuttavia, l'integrazione dell'intelligenza artificiale nell'istruzione non è priva di sfide. Le questioni relative alla privacy, alla sicurezza dei dati e alla necessità di garantire equità e giustizia negli algoritmi sono preoccupazioni importanti che devono essere affrontate.

Inoltre, è in corso un dibattito sul ruolo degli educatori in un mondo sempre più automatizzato.

Questo libro, "La rivoluzione nelle classi: l'intelligenza artificiale e il futuro dell'istruzione", esplora i molti modi in cui l'intelligenza artificiale sta influenzando l'istruzione e offre uno sguardo completo al futuro di questa trasformazione.

L'intelligenza artificiale ha anche il potenziale per trasformare il modo in cui valutiamo le prestazioni degli studenti. I sistemi di calibrazione automatizzati possono fornire un feedback immediato, aiutando gli studenti a identificare e correggere rapidamente gli errori.

Questo da solo migliora l'efficienza del processo di apprendimento, che consente anche un focus più continuo e formativo sulla valutazione, piuttosto che fare affidamento esclusivamente sugli esami finali.

Per gli educatori, l'intelligenza artificiale può essere un potente strumento per pianificare e tenere lezioni.

Gli assistenti alla pianificazione basati sull'intelligenza artificiale possono aiutare a creare piani di lezione adattati al profilo della classe, mentre gli strumenti di analisi della classe possono fornire informazioni sulla partecipazione e sui progressi degli studenti.

Queste caratteristiche consentono agli insegnanti di adattare le proprie strategie didattiche in tempo reale, creando un ambiente di apprendimento più dinamico e ricettivo.

Mentre esploriamo le applicazioni pratiche dell'intelligenza artificiale nell'istruzione in questo libro, riflettiamo anche sulle tendenze emergenti che stanno plasmando il futuro dell'istruzione.

Dall'uso della realtà virtuale e aumentata allo sviluppo di piattaforme di apprendimento completamente interattive, l'intelligenza artificiale apre nuove possibilità che prima erano immaginabili solo nella fantascienza.

In definitiva, questo libro è un viaggio attraverso il presente e il futuro dell'istruzione trasformata dall'intelligenza artificiale.

Ci auguriamo che ispiri educatori, amministratori, politici e tutti coloro che sono interessati al futuro dell'istruzione a esplorare le opportunità offerte dall'intelligenza artificiale e, allo stesso tempo, ad affrontare le sfide etiche e pratiche che accompagnano questa trasformazione.

La rivoluzione nelle classi è iniziata ed è tempo di abbracciare i cambiamenti che l'intelligenza artificiale sta apportando nel mondo dell'istruzione.

# Fondamenti di Intelligenza Artificiale

### *Cos'è l'intelligenza artificiale?*

L'Intelligenza Artificiale (AI) è un campo dell'informatica incentrato sullo sviluppo di sistemi in grado di eseguire compiti che normalmente richiedono l'intelligenza umana.

Questi compiti includono il riconoscimento vocale, il processo decisionale, la risoluzione dei problemi, l'apprendimento e la comprensione del linguaggio naturale.

Secondo Stuart Russell e Peter Norvig, autori dell'autorevole libro "Artificial Intelligence: A Modern Approach", l'intelligenza artificiale può essere definita come "lo studio degli agenti che ricevono informazioni dall'ambiente e dall'azione".

Il concetto di intelligenza artificiale non è nuovo. Le sue radici risalgono agli anni Quaranta e Cinquanta, quando gli scienziati iniziarono a esplorare la possibilità di creare macchine in grado di simulare aspetti dell'intelligenza umana.

Alan Turing, uno dei pionieri nel campo dell'informatica, propose nel 1950 il famoso "Test di Turing", come un modo per determinare se una macchina potesse mostrare un comportamento intelligente indistinguibile da quello umano. Turing si è chiesto: "Possono pensare le macchine?", una domanda che guida ancora la ricerca sull'intelligenza artificiale.

L'intelligenza artificiale moderna ha acquisito slancio con lo sviluppo del computer digitale. Nel 1956, il termine "intelligenza artificiale" fu coniato da John McCarthy durante la conferenza di Dartmouth, che è ampiamente considerata la nascita ufficiale del campo dell'intelligenza artificiale.

McCarthy ha definito l'intelligenza artificiale come "la scienza e l'ingegneria per creare macchine intelligenti". Questa conferenza ha riunito molti dei primi ricercatori sull'intelligenza artificiale e ha gettato le basi per il futuro sviluppo della tecnologia.

Durante gli anni '60 e '70, la ricerca sull'intelligenza artificiale si è concentrata principalmente sullo sviluppo di programmi in grado di riprodurre e risolvere problemi matematici.

Tuttavia, la mancanza di potenza di calcolo e di dati ha limitato i progressi. Marvin Minsky, uno dei pionieri dell'intelligenza artificiale, era ottimista riguardo alle possibilità future, ma anche realistico riguardo alle sfide.

Ha affermato che "nel giro di una generazione... il problema della creazione dell''intelligenza artificiale' sarà sostanzialmente risolto", ma ha anche riconosciuto la complessità dell'azienda.

Negli anni '80 e '90, l'IA ha attraversato periodi di ottimismo e delusione, spesso chiamati "inverni dell'IA". Durante questi periodi, la mancanza di anticipi significativi causava tagli ai finanziamenti e riduzione degli interessi.

*Intelligenza Artificiale e Il Futuro dell'Educazione*

Tuttavia, l'arrivo di computer più potenti e la crescente disponibilità di grandi volumi di dati hanno rinnovato l'interesse per l'intelligenza artificiale.

Il lavoro di Judea Pearl sulle reti bayesiane e sul ragionamento probabilistico, ad esempio, ha fatto progressi significativi nella capacità delle macchine di affrontare l'incertezza.

Oggi l'intelligenza artificiale è presente in innumerevoli applicazioni quotidiane, dagli assistenti virtuali come Siri e Alexa ai sistemi di raccomandazione su piattaforme come Netflix e Amazon.

Andrew Ng, uno dei massimi esperti di apprendimento automatico, sottolinea che "l'intelligenza artificiale è la nuova elettricità", alludendo alla sua capacità di trasformare le industrie e plasmare il futuro della società.

Il continuo sviluppo di algoritmi di deep learning e l'integrazione dell'intelligenza artificiale in diverse aree significa che stiamo appena iniziando a esplorare il potenziale di questa tecnologia trasformativa.

## Principali tecnologie di IA

Una delle principali tecnologie di intelligenza artificiale è l'apprendimento automatico. Questa sottoarea dell'intelligenza artificiale prevede lo sviluppo di algoritmi che consentono ai computer di apprendere dai dati e migliorare le proprie prestazioni in compiti specifici senza essere esplicitamente programmati per farlo.

Secondo Tom Mitchell, una definizione classica di apprendimento automatico è: "Se si dice che un programma per computer apprende dall'esperienza E rispetto a qualche classe di compiti, T y misura la prestazione P, se la sua prestazione nei compiti in T, misurata da P , migliora con l'esperienza E" (MITCHELL, 1997).

Esempi comuni di apprendimento automatico includono il riconoscimento degli utenti, i sistemi di raccomandazione e la diagnosi medica.

Le reti neurali artificiali, ispirate alla struttura del cervello umano, sono una tecnologia fondamentale nell'ambito dell'apprendimento automatico.

È costituito da strati di unità di elaborazione (neuroni artificiali) che possono apprendere rappresentazioni gerarchiche dei dati.

Geoffrey Hinton, uno dei pionieri nel campo delle reti neurali, le descrive come "un insieme di algoritmi liberamente modellati nel cervello umano, progettati per riconoscere gli utenti" (HINTON, 2015).

Queste reti si sono rivelate particolarmente efficaci in compiti complessi come il riconoscimento delle immagini e l'elaborazione del linguaggio naturale.

Il deep learning è una sottoarea dell'apprendimento automatico che si basa su reti neurali profonde, con molti strati di neuroni artificiali.

Yann LeCun, Yoshua Bengio e Geoffrey Hinton, nel loro influente articolo "Deep Learning", spiegano che "le tecniche di deep learning hanno consentito importanti progressi nel riconoscimento vocale, nella visione artificiale e nell'elaborazione del linguaggio naturale" (LECUN; BENGIO; HINTON, 2015). .

Il successo del deep learning in diverse applicazioni è dovuto alla sua capacità di apprendere rappresentazioni di dati complesse e astrazioni di alto livello.

Il processo del linguaggio naturale (PNL) è un'altra area vitale dell'intelligenza artificiale, che si concentra sull'interazione tra computer e linguaggio umano.

Questa tecnologia consente alle macchine di comprendere, interpretare e rispondere al testo e al parlato umano in modo utile. Secondo Daniel Jurafsky e James H. Martin, autori del libro "Speech and Language Processing", "la PNL è essenziale per sviluppare sistemi in grado di eseguire traduzioni automatiche, riconoscimento vocale e rispondere a domande in linguaggio naturale" (JURAFSKY; MARTIN, 2008) .

Gli esempi di PLN includono assistenti virtuali come Siri e Alexa, nonché sistemi di traduzione automatica come Google Translate.

Oltre a queste tecnologie, la visione artificiale è un'altra area cruciale dell'intelligenza artificiale che prevede l'estrazione di informazioni significative da immagini e video.

Richard Szeliski, autore di "Computer Vision: Algorithms and Applications", "la visione artificiale mira ad automatizzare i compiti che il sistema visivo umano può eseguire" (SZELISKI, 2010).

Le applicazioni includono il riconoscimento facciale, il rilevamento di oggetti e l'analisi delle immagini mediche. Le tecnologie di visione artificiale sono ampiamente utilizzate in settori quali la sicurezza, l'assistenza medica e i veicoli autonomi.

Altre tecnologie emergenti di intelligenza artificiale includono agenti autonomi e sistemi multi-agente, che consentono a diversi agenti software di interagire e collaborare per eseguire compiti complessi.

Stuart Russell e Peter Norvig, in "Artificial Intelligence: A Modern Approach", descrivono che "i sistemi multi-agente rappresentano la prossima frontiera nella costruzione di sistemi di intelligenza artificiale distribuiti, in cui più agenti interagiscono in un ambiente comune" (RUSSELL; NORVIG, 2010 ). Queste tecnologie sono fondamentali per le applicazioni nella robotica, nei giochi e nelle simulazioni complesse.

### Come funziona l'intelligenza artificiale

L'intelligenza artificiale (AI) si basa su diversi principi e tecniche che consentono alle macchine di eseguire compiti che normalmente richiedono l'intelligenza umana.

Il funzionamento dell'intelligenza artificiale si basa principalmente su algoritmi, che sono insiemi di regole o istruzioni per risolvere problemi o eseguire compiti specifici.

"L'intelligenza artificiale è lo studio di agenti intelligenti che percepiscono l'ambiente circostante e intraprendono azioni che massimizzano le loro possibilità di successo" (RUSSELL; NORVIG, 2010).

Questi agenti utilizzano algoritmi per elaborare i dati, imparare dalle esperienze passate e prendere decisioni informate.

Uno dei componenti principali dell'intelligenza artificiale è l'apprendimento automatico, che prevede la creazione di algoritmi che consentono ai sistemi di apprendere dai dati.

Come descrive Tom Mitchell, "si dice che un programma per computer apprende dall'esperienza E rispetto ad una certa classe di compiti T e misura di prestazione P, se la sua prestazione sui compiti in T, misurata da P, migliora con l'esperienza E". 1997).

Ciò significa che, invece di programmarsi esplicitamente per eseguire un compito, il sistema di intelligenza artificiale impara da grandi insiemi di dati e impara da quei dati per migliorare le proprie prestazioni.

Nell'apprendimento automatico, le reti neurali artificiali svolgono un ruolo cruciale. Ispirate alla struttura del cervello umano, le reti neuronali sono composte da strati di neuroni artificiali che elaborano le informazioni.

Geoffrey Hinton, uno dei pionieri in questo campo, spiega che "le reti neuronali sono un insieme di algoritmi progettati per riconoscere gli utenti, modellati in un modo vagamente ispirato al cervello umano" (HINTON, 2015). Le reti sono particolarmente efficaci in settori quali il riconoscimento delle immagini e l'elaborazione del linguaggio naturale.

Il deep learning è una sottoarea dell'apprendimento automatico che utilizza reti neurali profonde, con molti strati di neuroni.

Yann LeCun, Yoshua Bengio e Geoffrey Hinton sottolineano che "le tecniche di deep learning hanno consentito importanti progressi nel riconoscimento vocale, nella visione artificiale e nell'elaborazione del linguaggio naturale" (LECUN; BENGIO; HINTON, 2015).

La profondità delle reti ci consente di apprendere rappresentazioni di dati complesse e gerarchiche, essenziali per risolvere problemi più sofisticati.

*Intelligenza Artificiale e Il Futuro dell'Educazione*

Un altro principio fondamentale dell'intelligenza artificiale è il processo del linguaggio naturale (NLP), che si concentra sull'interazione tra computer e linguaggio umano. Daniel Jurafsky e James H. Martin affermano che "la PNL è essenziale per lo sviluppo di sistemi in grado di eseguire traduzione automatica, riconoscimento vocale e rispondere a domande in linguaggio naturale" (JURAFSKY; MARTIN, 2008).

PLN utilizza tecniche come l'analisi sintattica, semantica e pragmatica per comprendere e generare testo e parlare agli esseri umani in modo utile e coerente.

L'intelligenza artificiale si basa anche su tecniche di visione artificiale, che consentono di estrarre informazioni significative da immagini e video. Richard Szeliski descrive che "la visione artificiale mira ad automatizzare i compiti che il sistema visivo umano può eseguire" (SZELISKI, 2010).

Come esempi possiamo citare il riconoscimento facciale, il rilevamento di oggetti e l'analisi delle immagini mediche.

*Intelligenza Artificiale e Il Futuro dell'Educazione*

La combinazione di queste tecniche e principi consente all'intelligenza artificiale di risolvere un'ampia gamma di problemi e di svolgere varie funzioni che in precedenza erano esclusive degli esseri umani.

# Applicazioni dell'Intelligenza Artificiale nell'istruzione

L'integrazione dell'intelligenza artificiale (AI) nell'istruzione sta rivoluzionando l'insegnamento e l'apprendimento personalizzando l'esperienza educativa di ogni studente.

Gli strumenti di apprendimento adattivo adattano il contenuto e il ritmo dell'insegnamento in base alle prestazioni individuali, creando un ambiente di apprendimento più efficace.

L'intelligenza artificiale trasforma anche la valutazione degli studenti, con sistemi automatizzati che forniscono un feedback immediato e aiutano a identificare gli studenti a rischio, consentendo interventi tempestivi.

Infatti, insegnanti e amministratori beneficiano delle tecnologie di intelligenza artificiale, che aiutano a gestire le attività amministrative e a pianificare le lezioni, liberando più tempo per l'insegnamento.

Le piattaforme di analisi dei dati educativi offrono preziose informazioni sui leader dell'apprendimento, informando le decisioni pedagogiche e migliorando le pratiche educative.

L'AI si consolida, quindi, come un alleato indispensabile nella realizzazione di un sistema educativo più efficiente e inclusivo.

### Tutoraggio Intelligente (ITS)

I sistemi di tutoraggio intelligente (ITS) rappresentano una delle applicazioni più promettenti dell'intelligenza artificiale (AI) nel campo dell'istruzione.

Gli ITS sono progettati per fornire un'esperienza di apprendimento personalizzata, adattandosi alle esigenze individuali di ogni studente.

Come affermato da Nkambou, Bourdeau e Mizoguchi (2010), gli ITS utilizzano una combinazione di tecniche di intelligenza artificiale come la modellazione della conoscenza, l'apprendimento automatico e l'elaborazione del linguaggio naturale per identificare le difficoltà degli studenti e fornire contenuti e feedback specifici per migliorare le loro prestazioni.

La personalizzazione nel contesto ITS è fondamentale per soddisfare la diversità di stili e ritmi di apprendimento degli studenti.

Secondo Graesser, Conley e Olney (2012), questi sistemi sono in grado di creare profili dettagliati degli studenti, registrandone i progressi e le difficoltà nel tempo.

Sulla base di questi profili, gli ITS possono adeguare la complessità dei compiti, fornire consigli adeguati e persino modificare la strategia di insegnamento per ottimizzare l'efficacia dell'apprendimento.

Questa adattabilità garantisce che gli studenti ricevano un supporto più specifico ed efficace rispetto a quello offerto dai metodi di insegnamento tradizionali.

Inoltre, gli ITS hanno dimostrato un potenziale significativo nel promuovere l'apprendimento attivo e impegnato. Woolf (2009) afferma che, fornendo un feedback immediato e rilevante, questi sistemi mantengono gli studenti interessati e motivati.

La capacità di interagire dinamicamente con i contenuti didattici e ricevere risposte immediate alle tue azioni aiuta a consolidare le conoscenze e sviluppare capacità critiche di problem solving.

L'interazione continua e ricettiva con gli ITS crea un ambiente di apprendimento più stimolante e produttivo.

Un altro importante vantaggio degli ITS è la sua capacità di sostenere l'istruzione inclusiva. Come evidenziato da McArthur, Lewis e Bishay (2005), questi sistemi possono essere configurati per soddisfare un'ampia gamma di bisogni educativi speciali, adattandosi alle diverse capacità cognitive e fisiche degli studenti.

Naturalmente, è particolarmente rilevante in contesti in cui la diversità è una caratteristica convincente che consente a tutti gli studenti, indipendentemente dalle loro limitazioni, di avere accesso a un'istruzione di qualità.

In definitiva, l'integrazione degli ITS nel piano formativo degli studi può contribuire in modo significativo allo sviluppo delle competenze nel XXI secolo.

*Intelligenza Artificiale e Il Futuro dell'Educazione*

Come notato da Pane, Griffin e McCaffrey (2014), abilità come il pensiero critico, la creatività e la collaborazione sono promosse attraverso le interazioni con sistemi di tutoraggio intelligenti.

Simulando scenari complessi e proponendo problemi impegnativi, ITS incoraggia gli studenti ad applicare le conoscenze in modo pratico e innovativo, preparandoli meglio alle richieste del moderno mercato del lavoro.

## Piattaforme Adattive

Le piattaforme di apprendimento adattivo hanno rivoluzionato il panorama educativo offrendo un approccio personalizzato e centrato sullo studente.

Questi strumenti utilizzano algoritmi sofisticati per adattare automaticamente il contenuto e il ritmo dell'insegnamento per soddisfare le esigenze individuali degli studenti.

Per Johnson et al. (2011), il vantaggio principale di queste piattaforme è la loro capacità di monitorare continuamente le prestazioni degli studenti e di adattarsi dinamicamente, promuovendo un ambiente di apprendimento più efficiente ed efficace.

La personalizzazione fornita dalle piattaforme adattive è essenziale per soddisfare la diversità delle classi moderne.

Kulik e Fletcher (2016) affermano che le piattaforme sono in grado di creare profili dettagliati degli studenti in base alle loro interazioni e prestazioni.

Questi profili aiutano a identificare le aree di difficoltà e forniscono materiali di supporto specifici, garantendo che ogni studente riceva l'aiuto di cui ha bisogno per superare le proprie difficoltà e progredire al proprio ritmo.

La flessibilità offerta da queste piattaforme è particolarmente vantaggiosa in ambienti educativi eterogenei in cui i livelli di competenza degli studenti possono variare in modo significativo.

Inoltre, le piattaforme adattabili promuovono una maggiore partecipazione degli studenti, poiché il contenuto si adatta in modo da risultare impegnativo ma raggiungibile.

Come affermano Bower e Sturman (2015), l'aggiustamento continuo del livello di difficoltà mantiene gli studenti motivati e impegnati, evitando sia la frustrazione che la noia.

L'adattamento in tempo reale consente agli studenti di rimanere nella "zona di sviluppo prossimo" dove apprendono in modo più efficace con sfide adeguate al loro attuale livello di abilità.

Un altro punto importante delle piattaforme adattive è la loro capacità di fornire feedback immediati e personalizzati.

Secondo Anderson et al. (2014), il feedback è una componente fondamentale del processo di apprendimento, che aiuta gli studenti a comprendere i propri errori e a migliorare le proprie capacità.

Le piattaforme adattive utilizzano tecniche di analisi dei dati per fornire commenti specifici e costruttivi, guidando gli studenti nel loro percorso di apprendimento e promuovendo progressi continui.

Tuttavia, l'implementazione di piattaforme adattive può contribuire in modo significativo alla democratizzazione dell'istruzione.

Osservato da Pane et al. (2014), questi strumenti hanno il potenziale per fornire un'istruzione di alta qualità a un pubblico più ampio, indipendentemente dalle limitazioni geografiche o socioeconomiche.

La capacità di adattare individualmente il contenuto e il ritmo dell'insegnamento per ogni studente rende l'istruzione più accessibile e inclusiva, contribuendo a ridurre le disparità educative e a promuovere le pari opportunità per tutti gli studenti.

### Analisi dei dati Educativi

L'analisi dei dati educativi, utilizzando tecniche di intelligenza artificiale (AI), si è rivelata un potente strumento per trasformare l'insegnamento e l'apprendimento.

Grazie alla capacità di elaborare e analizzare grandi volumi di dati, l'intelligenza artificiale offre informazioni preziose che possono migliorare il processo decisionale a tutti i livelli di istruzione.

Siemens e Long (2011) affermano che l'analisi dei dati educativi consente una comprensione più profonda delle interazioni degli studenti con i contenuti, facilitando l'identificazione degli utenti e delle tendenze che possono informare pratiche pedagogiche più efficaci.

La personalizzazione dell'insegnamento è uno dei principali vantaggi dell'analisi dei dati educativi. Secondo Romero e Ventura (2020), l'intelligenza artificiale può analizzare i dati sulle prestazioni degli studenti in tempo reale, identificandone i punti di forza e di debolezza.

Con queste informazioni, gli educatori possono adattare le proprie strategie didattiche per soddisfare al meglio le esigenze individuali degli studenti, promuovendo un apprendimento più efficace e personalizzato.

Questo approccio basato sui dati consente un intervento precoce e specifico, che aiuta a prevenire il fallimento accademico e a migliorare i risultati accademici.

Inoltre, l'analisi dei dati educativi può migliorare l'efficienza amministrativa. Come sottolinea Daniel (2015), l'intelligenza artificiale può elaborare grandi quantità di dati amministrativi, come tasse di iscrizione, frequenza e rendimento scolastico, per ottimizzare la gestione della scuola.

Queste informazioni possono aiutare gli amministratori a identificare le aree di miglioramento, allocare le risorse in modo più efficace e prendere decisioni informate a vantaggio dell'intera comunità scolastica.

L'analisi predittiva, ad esempio, può prevedere i tassi di abbandono scolastico e consentire l'attuazione di strategie preventive.

L'analisi dei dati gioca un ruolo cruciale anche nella valutazione e nel miglioramento dei piani di studio.

Secondo Baker e Inventado (2014), l'intelligenza artificiale può analizzare le prestazioni degli studenti attraverso le diverse componenti del piano di studi per identificare quali aree sono più impegnative e quali strategie di insegnamento sono più efficaci.

Questa conoscenza può essere utilizzata per adattare il piano di studi, assicurando che sia pertinente e allineato alle esigenze degli studenti.

L'analisi continua in tempo reale ti consente di apportare aggiustamenti dinamici, mantenendo il tuo piano di studi aggiornato ed efficace.

Infine, l'analisi dei dati educativi può contribuire alla ricerca educativa offrendo una solida base empirica per lo sviluppo di nuove teorie e pratiche pedagogiche.

Come osservato da West (2012), la disponibilità di grandi volumi di dati educativi consente ai ricercatori di testare ipotesi ed esplorare nuovi approcci all'insegnamento con maggiore precisione.

L'applicazione di tecniche di intelligenza artificiale, come l'apprendimento automatico e il data mining, può rivelare intuizioni e idee che sarebbero impossibili da rilevare manualmente, il che rende la conoscenza avanzata nel campo educativo.

### Assistenti Virtuali e Chatbot

Assistenti virtuali e chatbot stanno diventando strumenti indispensabili in ambito educativo, offrendo supporto automatizzato sia agli studenti che agli insegnanti.

Utilizzando l'intelligenza artificiale (AI), questi sistemi possono interagire in modo naturale ed efficiente, fornendo risposte rapide e precise a un'ampia gamma di domande ed esigenze educative.

Come evidenziato da Winkler e So (2017), queste tecnologie a terra migliorano l'efficienza del processo educativo, aumentando al tempo stesso la partecipazione degli studenti nel fornire un'assistenza personalizzata e costante.

Uno dei principali vantaggi degli assistenti virtuali e dei chatbot è la loro capacità di offrire supporto 24 ore su 24, 7 giorni su 7.

Segun Huang et al. (2019), questa disponibilità continua è particolarmente vantaggiosa per gli studenti che studiano in orari variabili o con modalità di formazione a distanza.

I chatbot possono rispondere alle domande più frequenti sul contenuto del corso, sui tempi di consegna e sui dettagli amministrativi, consentendo agli insegnanti di concentrarsi su domande più complesse e interazioni pedagogiche più profonde.

Inoltre, gli assistenti virtuali possono personalizzare l'esperienza di apprendimento degli studenti. Segun Ruan et al. (2019), i sistemi basati sull'intelligenza artificiale possono adattare le proprie risposte e suggerimenti in base ai profili e alle esigenze individuali degli studenti.

Questa personalizzazione può includere raccomandazioni per materiale di studio, promemoria di compiti e persino motivazione per migliorare il rendimento accademico. La capacità di apprendere dalle interazioni precedenti consente a questi assistenti di fornire un supporto sempre più efficace nel tempo.

I chatbot svolgono anche un ruolo cruciale nel facilitare la comunicazione tra studenti e insegnanti. Come affermato da Yao et al. (2020), in molte classi o corsi online, può essere difficile per gli insegnanti rispondere tempestivamente a tutte le domande degli studenti.

L'herramienta può fungere da intermediario, rispondendo alle domande più comuni e inviando domande più complesse direttamente agli insegnanti. Sono solo ormai da un po', il che garantisce anche che gli studenti ricevano risposte rapide e precise.

Oltre a supportare gli studenti, gli assistenti virtuali possono aiutare gli insegnanti a gestire le proprie attività. Secondo Molnar e Kostka (2018), questi sistemi possono automatizzare le attività amministrative, come l'organizzazione degli orari, l'invio di promemoria e la raccolta dei commenti degli studenti.

Ciò lascia più tempo agli insegnanti per concentrarsi sullo sviluppo di strategie pedagogiche e sull'interazione diretta con gli studenti, migliorando la qualità dell'insegnamento.

Infine, l'implementazione di assistenti virtuali e chatbot può contribuire in modo significativo all'innovazione educativa. Come hanno notato Pérez-Marín e Pascual-Nieto (2011), queste tecnologie hanno il potenziale per trasformare il modo in cui l'istruzione viene erogata e percepita.

L'interazione continua e personalizzata offerta dai chatbot può creare un ambiente di apprendimento più dinamico e interattivo, promuovendo un'esperienza educativa più attraente ed efficace.

# Personalizzazione dell'apprendimento

## Apprendimento Individualizzato

L'apprendimento individualizzato, facilitato dall'intelligenza artificiale (AI), sta trasformando il panorama educativo consentendo ai contenuti di adattarsi per soddisfare le esigenze specifiche di ogni studente.

Pane, Griffin e McCaffrey (2014) affermano che questo approccio consente a ogni studente di progredire al proprio ritmo e secondo il proprio stile di apprendimento, aumentando significativamente l'efficacia dell'insegnamento.

Uno dei modi principali in cui l'intelligenza artificiale personalizza l'apprendimento è attraverso l'analisi continua dei dati degli studenti.

Secondo Graesser et al. (2012), i sistemi di intelligenza artificiale possono monitorare i progressi degli studenti in tempo reale, identificando errori ed errori, nonché il tempo dedicato a diversi tipi di compiti.

Sulla base di questi dati, l'intelligenza artificiale può adattare automaticamente la difficoltà delle attività, fornire un feedback immediato e suggerire risorse aggiuntive che meglio si adattano al livello di comprensione e allo stile di apprendimento di ogni studente.

Questo adattamento dinamico garantisce che gli studenti si sentano costantemente sfidati ma non sopraffatti. Naturalmente, l'intelligenza artificiale può adattare i contenuti educativi per allinearli a diversi stili di apprendimento.

Secondo Honey e Mumford (1982), gli studenti hanno diverse preferenze di apprendimento, che possono includere stili visivi, uditivi e cinestetici, tra gli altri. I sistemi basati sull'intelligenza artificiale possono identificare queste preferenze attraverso le loro interazioni con gli studenti e presentare i contenuti nel modo più efficace per ciascun individuo.

Ad esempio, uno studente con una preferenza per l'apprendimento visivo può apprezzare più video e infografiche, mentre uno studente uditivo può trarre vantaggio da podcast e letture ad alta voce.

Personalizzare l'insegnamento implica anche adattare obiettivi e traguardi di apprendimento. Secondo Woolf (2009), i sistemi di intelligenza artificiale possono stabilire obiettivi personalizzati basati sulle prestazioni passate degli studenti e sulle loro aspirazioni future.

Questi obiettivi vengono continuamente adattati man mano che lo studente progredisce, garantendo che ogni fase del processo di apprendimento sia pertinente e allineata alle sue esigenze individuali.

Questo approccio personalizzato garantisce che l'insegnamento sia più efficace e specifico, il che significa la capacità dell'intelligenza artificiale di fornire supporto in tempo reale per l'apprendimento individualizzato.

Nkambou, Bourdeau e Mizoguchi (2010) evidenziano che i sistemi di tutoraggio intelligenti (ITS) possono interagire con gli studenti in modo continuo, offrendo consigli, suggerimenti e spiegazioni aggiuntive esattamente quando necessario.

Questo supporto immediato aiuta a risolvere dubbi e ostacoli man mano che si presentano, evitando frustrazioni e promuovendo un flusso di apprendimento più continuo ed efficiente.

In definitiva, l'apprendimento personalizzato attraverso l'intelligenza artificiale offre un'esperienza di apprendimento più attraente e motivante.

Secondo Heffernan e Koedinger (2012), l'uso dell'intelligenza artificiale per personalizzare i contenuti e il ritmo dell'insegnamento sul campo migliora i risultati accademici, aumentando allo stesso tempo la partecipazione degli studenti.

Ricevendo un'attenzione personalizzata e un piano di studi adattato alle loro esigenze, gli studenti si sentono più valorizzati e motivati a partecipare attivamente al loro percorso di apprendimento.

## Mappa delle Competenze

La mappatura delle competenze è un processo essenziale nel contesto educativo moderno e gli strumenti di intelligenza artificiale (AI) svolgono un ruolo fondamentale nell'identificazione e nello sviluppo delle competenze degli studenti.

Come affermato da Buckingham Shum e Ferguson (2012), l'intelligenza artificiale può fornire una visione dettagliata delle competenze e delle disabilità degli studenti, che consente interventi educativi più efficaci e personalizzati.

Una delle funzioni principali degli strumenti di intelligenza artificiale nella mappatura delle competenze è l'analisi continua delle prestazioni degli studenti in varie attività accademiche.

Secondo Marzano e Kendall (2007), la valutazione continua ad essere cruciale per comprendere le competenze sviluppate dagli studenti nel tempo.

*Intelligenza Artificiale e Il Futuro dell'Educazione*

I sistemi di intelligenza artificiale possono monitorare in tempo reale i progressi degli studenti, individuando quali competenze sono state acquisite e quali devono essere sviluppate.

Questa analisi dettagliata consente a educatori e studenti di avere una visione chiara delle competenze attuali, facilitando la pianificazione di strategie didattiche personalizzate.

Oltre a ciò, gli strumenti di intelligenza artificiale possono identificare modelli e tendenze nei dati educativi che potrebbero non essere evidenti agli educatori.

Siemens (2013) descrive che l'intelligenza artificiale può analizzare dati complessi e multidimensionali per identificare correlazioni e previsioni sulle prestazioni degli studenti.

Ad esempio, l'analisi dei dati può rivelare che alcuni studenti hanno difficoltà con competenze specifiche correlate a particolari metodi o materiali di insegnamento. Con questa conoscenza, gli educatori possono adattare i loro approcci pedagogici per soddisfare meglio le esigenze degli studenti.

Anche gli strumenti di intelligenza artificiale svolgono un ruolo importante nella personalizzazione dello sviluppo delle competenze. Secondo Luckin et al. (2016), l'intelligenza artificiale può creare piani di apprendimento individualizzati che si adattano alle esigenze e ai ritmi di ogni studente.

Questi piani possono includere raccomandazioni sulle attività, risorse educative e commenti continui per aiutare gli studenti a sviluppare le competenze necessarie.

Un'altra importante applicazione degli strumenti di intelligenza artificiale è quella di supportare lo sviluppo delle competenze del XXI secolo, come il pensiero critico, la risoluzione dei problemi e la collaborazione.

Voogt e Roblin (2012) affermano che queste competenze sono essenziali per il successo nel mondo moderno e devono essere integrate nel curriculum educativo.

*Intelligenza Artificiale e Il Futuro dell'Educazione*

Gli strumenti di intelligenza artificiale possono simulare ambienti di apprendimento complessi e interattivi in cui gli studenti possono praticare e sviluppare queste abilità in contesti reali e significativi.

L'analisi delle prestazioni degli studenti in queste attività può fornire preziose informazioni sui loro progressi e sulle aree di miglioramento.

Infine, la mappatura delle competenze facilitata dall'intelligenza artificiale può contribuire a un'istruzione inclusiva garantendo che tutti gli studenti, indipendentemente dalle loro capacità o limitazioni, abbiano accesso a un'istruzione di qualità.

Rose e Meyer (2002) suggeriscono che gli strumenti di intelligenza artificiale possono essere configurati per identificare i bisogni specifici degli studenti con difficoltà o disabilità di apprendimento, offrendo supporto personalizzato per aiutarli a sviluppare le competenze necessarie. Ciò promuove le pari opportunità e lo sviluppo integrale di tutti gli studenti.

## Commenti in Tempo Reale

Il feedback in tempo reale è un'importante innovazione educativa possibile grazie all'uso di sistemi di intelligenza artificiale (AI). Questi sistemi offrono risposte immediate alle interazioni degli studenti con i contenuti didattici, promuovendo un apprendimento più efficace e personalizzato.

Secondo Shute (2008), il feedback immediato è fondamentale per lo sviluppo accademico, poiché consente agli studenti di correggere rapidamente gli errori, comprendere meglio i concetti e adattare le proprie strategie di apprendimento secondo necessità.

Kulik e Kulik (1988) riferiscono che il feedback personalizzato può aumentare significativamente l'impegno e la motivazione degli studenti. I sistemi di intelligenza artificiale possono analizzare le risposte degli studenti in tempo reale e fornire feedback adattivo adattato al livello di comprensione e allo stile di apprendimento di ciascuno studente.

Questo tipo di feedback corregge solo gli errori ma guida anche gli studenti su come migliorare il loro approccio allo studio.

Inoltre, il feedback immediato aiuta a promuovere l'autonomia degli studenti, una componente essenziale di un apprendimento efficace.

Come notato da Nicol e Macfarlane-Dick (2006), il feedback immediato incoraggia gli studenti a riflettere sulle proprie prestazioni e a sviluppare abilità metacognitive.

Con il supporto dei sistemi di intelligenza artificiale, gli studenti possono identificare rapidamente le aree di difficoltà e adottare misure correttive senza la necessità di un intervento costante da parte degli insegnanti. Stanno promuovendo una cultura di apprendimento autodiretto e continuo.

I sistemi di feedback in tempo reale hanno un impatto positivo anche sull'insegnamento delle competenze pratiche e tecniche.

*Intelligenza Artificiale e Il Futuro dell'Educazione*

Secondo Gikandi, Morrow e Davis (2011), il feedback immediato è particolarmente utile in questioni che implicano l'applicazione pratica di concetti teorici, come la matematica, la scienza e la programmazione.

Ad esempio, i sistemi di tutoraggio intelligenti possono fornire un feedback immediato sull'accuratezza delle soluzioni matematiche o sulla funzionalità dei codici di programmazione, consentendo agli studenti di adattare i propri approcci in modo istantaneo ed efficace.

Oltre ad avvantaggiare gli studenti, il feedback in tempo reale offre anche importanti vantaggi per gli insegnanti.

Hattie e Timperley (2007) sottolineano che l'analisi dei dati in tempo reale consente agli insegnanti di monitorare i progressi degli studenti in modo più efficiente e di identificare rapidamente coloro che necessitano di ulteriore supporto.

Ciò facilita un intervento precoce e specifico, che aiuta a evitare che problemi di apprendimento minori diventino ostacoli importanti al progresso accademico.

Infine, implementare sistemi di feedback in tempo reale contribuisce a creare un ambiente di apprendimento più dinamico e interattivo.

Come visto in Black e William (2009), il feedback continuo e immediato rende il processo educativo più ricettivo e adattabile alle esigenze degli studenti.

Questa interattività migliora la qualità dell'istruzione, promuovendo un'esperienza di apprendimento più attraente ed efficace.

## Valutazione e Follow-up

### *Valutazione Automatizzata*

La valutazione automatizzata mediante l'intelligenza artificiale (AI) sta rivoluzionando il processo di correzione degli esami e del lavoro accademico, offrendo soluzioni che forniscono valutazioni più rapide, accurate e obiettive.

Questo progresso tecnologico allevia il carico amministrativo degli educatori e migliora l'efficienza e la coerenza delle valutazioni.

Bennett e Bejar (1998) sostengono che l'intelligenza artificiale può trasformare la valutazione educativa introducendo metodi automatizzati che analizzano le risposte in modo uniforme, eliminando lacune e incoerenze.

Secondo Attali e Burstein (2006), i sistemi di intelligenza artificiale possono correggere test e compiti in un breve lasso di tempo, fornendo un feedback immediato agli studenti.

Ciò è particolarmente vantaggioso negli ambienti di insegnamento con un gran numero di studenti, dove la correzione manuale richiede molto tempo e non è molto pratica.

La velocità di valutazione permette agli studenti di ricevere feedback mentre il contenuto è ancora fresco nella loro mente, facilitando l'assimilazione delle correzioni e il miglioramento continuo.

Oltre alla velocità, la precisione è un altro importante vantaggio della valutazione automatizzata. Secondo Shermis e Hamner (2012), gli algoritmi di intelligenza artificiale sono in grado di analizzare le risposte con un elevato grado di precisione, identificando errori grammaticali, ortografici e di contenuto in modo coerente.

La valutazione basata sull'intelligenza artificiale può anche applicare criteri di qualificazione in modo uniforme, garantendo che tutti gli studenti siano valutati rispetto agli stessi standard. Ciò riduce il rischio di rischi e soggettività che possono verificarsi nelle valutazioni umane, promuovendo una maggiore equità nel processo di valutazione.

L'intelligenza artificiale è anche in grado di effettuare valutazioni complesse che vanno ben oltre la semplice correzione di risposte oggettive. Come afferma Dikli (2006), i sistemi avanzati di valutazione automatizzata possono analizzare saggi e altri tipi di risposte discorsive, valutando aspetti come coerenza, coesione, argomentazione e uso appropriato del linguaggio.

Questi sistemi utilizzano tecniche di elaborazione del linguaggio naturale per comprendere e valutare la qualità del testo prodotto dagli studenti, offrendo commenti dettagliati su vari aspetti della scrittura.

Un altro aspetto importante della valutazione automatizzata è la capacità di fornire un'analisi dettagliata delle prestazioni degli studenti. Secondo Balfour (2013), i sistemi di intelligenza artificiale possono generare report completi che mettono in evidenza i punti di forza e di debolezza di ogni studente.

Questi report possono includere analisi delle tendenze, confronti con le prestazioni delle lezioni precedenti e suggerimenti personalizzati per il miglioramento.

L'analisi dettagliata aiuta gli educatori a identificare i modelli di apprendimento e ad adattare le proprie strategie di insegnamento per soddisfare meglio le esigenze degli studenti.

Come notato da Jordan e Mitchell (2009), integrando sistemi di intelligenza artificiale che analizzano continuamente le prestazioni degli studenti, è possibile adattare i materiali di studio e le attività didattiche per soddisfare le esigenze individuali di ciascuno studente.

La personalizzazione basata sui dati di valutazione può migliorare significativamente i risultati dell'apprendimento, fornendo un'istruzione più efficace e specifica.

### Supervisione delle Prestazioni

Il monitoraggio delle prestazioni degli studenti è una pratica essenziale per garantire l'efficacia del processo formativo e identificare aree di bisogno e opportunità per ciascuno studente.

Gli strumenti di intelligenza artificiale (AI) si sono rivelati estremamente efficaci in questo contesto, fornendo misure avanzate e precise per monitorare i progressi degli studenti nel tempo.

Per Picciano (2012), questi strumenti consentono un'analisi continua e dettagliata del rendimento scolastico, facilitando interventi educativi più precisi e personalizzati.

Come notato da Siemens e Long (2011), questi strumenti possono integrare informazioni provenienti da diverse fonti, come punteggi degli esami, partecipazione ad attività e interazione con piattaforme di apprendimento online.

Questo flusso costante di dati fornisce una visione completa e aggiornata dei progressi degli studenti, che consente agli insegnanti di identificare rapidamente qualsiasi deviazione rispetto alle prestazioni previste.

Oltre a fornire una visione dettagliata delle prestazioni attuali, gli strumenti di monitoraggio delle prestazioni consentono anche di identificare andamenti e andamenti nel tempo.

Secondo Arnold e Pistilli (2012), l'analisi dei dati longitudinali può rivelare importanti spunti sullo sviluppo delle competenze degli studenti e sui loro percorsi di apprendimento.

Ciò consente agli educatori di adattare le proprie strategie pedagogiche alle mutevoli esigenze degli studenti, promuovendo l'apprendimento continuo e progressivo.

Gli strumenti di intelligenza artificiale sono anche in grado di prevedere le prestazioni future degli studenti in base alle loro attività passate. Gli algoritmi di apprendimento automatico possono identificare i datori di lavoro che prevedono il successo o le difficoltà accademiche.

Queste previsioni aiutano gli educatori a implementare interventi proattivi, come tutoraggio aggiuntivo o aggiustamenti curriculari, prima che i problemi diventino critici.

Pertanto, la previsione basata sui dati può migliorare significativamente i risultati scolastici e ridurre i tassi di insuccesso e abbandono scolastico.

Un'altra importante applicazione degli strumenti di monitoraggio delle prestazioni è la personalizzazione dell'esperienza di apprendimento.

Come affermato da Johnson, Adams Becker, Estrada e Freeman (2014), l'analisi dettagliata delle prestazioni degli studenti consente la creazione di piani di apprendimento individualizzati che soddisfano le esigenze specifiche di ciascuno studente.

*Intelligenza Artificiale e Il Futuro dell'Educazione*

Questi piani possono includere attività adattive, risorse complementari e commenti personalizzati, garantendo che ogni studente riceva il supporto di cui ha bisogno per raggiungere il suo massimo potenziale.

Infine, il monitoraggio delle prestazioni facilitato dall'IA offre anche importanti vantaggi amministrativi e gestionali.

L'analisi dei dati educativi può fornire informazioni preziose per il processo decisionale istituzionale, come lo sviluppo delle politiche educative e l'allocazione delle risorse.

Inoltre, resoconti dettagliati sui progressi degli studenti possono informare genitori e tutor sul rendimento scolastico, favorendo una maggiore collaborazione tra scuola e famiglia.

### Rilevamento del Plagio

Il rilevamento del plagio è una preoccupazione centrale nel mondo accademico e i sistemi di intelligenza artificiale (AI) svolgono un ruolo cruciale nell'identificazione delle copie e nel garantire l'originalità del lavoro accademico.

Gli strumenti di intelligenza artificiale, come i software di rilevamento del plagio, analizzano i testi in modo dettagliato e sistematico, confrontandoli con vasti database provenienti da fonti accademiche, pubblicazioni e Internet in generale.

Segun Chuda et al. (2012), questi sistemi identificano soltanto le copie testuali, ma rilevano anche parafrasi inappropriate e altre forme nascoste di plagio.

Secondo Foltýnek, Dlabolová e Anohina-Naumeca (2019), questi sistemi utilizzano sofisticati algoritmi che consentono loro di confrontare i testi inviati con migliaia di fonti disponibili digitalmente, inclusi articoli accademici, libri, siti Web e database interni di istituzioni educative.

Oltre alla velocità e all'efficienza, i sistemi di rilevamento del plagio offrono anche una precisione superiore nell'identificazione delle copie.

Gli algoritmi di intelligenza artificiale possono identificare l'esatta coincidenza di frasi e frasi sul terreno, ma anche analizzare la struttura e lo stile del testo per rilevare plagi nascosti.

Ciò include la capacità di identificare parafrasi che mantengano l'essenza del contenuto originale senza il dovuto credito. La precisione di questi sistemi è fondamentale per garantire l'integrità accademica ed evitare che il plagio passi inosservato.

Il rilevamento del plagio basato sull'intelligenza artificiale è essenziale anche per educare gli studenti sull'importanza dell'originalità e dell'etica accademica.

Come notato da Bretag (2013), utilizzando sistemi di rilevamento del plagio, gli educatori possono fornire commenti dettagliati agli studenti sulle aree in cui il testo presentato presenta problemi di originalità.

Il feedback formativo è uno strumento prezioso per migliorare le capacità di scrittura accademica degli studenti.

Un altro importante vantaggio dei sistemi di intelligenza artificiale nel rilevamento del plagio è la capacità di integrarsi con altre piattaforme educative, facilitando il monitoraggio continuo e proattivo.

Secondo Bailey e Bailey (2017), molti di questi sistemi possono integrarsi con piattaforme di gestione dell'apprendimento (LMS), che consentono la verifica automatica di tutto il lavoro inviato.

Questa integrazione unica semplifica il processo per gli educatori, stabilendo al tempo stesso uno standard coerente per la verifica dell'originalità in tutto l'istituto.

Infine, l'implementazione di sistemi di rilevamento del plagio basati sull'intelligenza artificiale contribuisce a mantenere un ambiente accademico più giusto ed equo.

Clough (2000) spiega che l'uso di questi strumenti aiuta a garantire che tutti gli studenti siano valutati equamente, in base al proprio lavoro e impegno.

In questo senso rafforza la credibilità delle istituzioni educative e valorizza il merito accademico, fondamentale per l'avanzamento della conoscenza e della ricerca.

# L'intelligenza Artificiale per gli Insegnanti

## Assistenti alla Pianificazione

L'integrazione dell'intelligenza artificiale (AI) nell'istruzione ha rivoluzionato il modo in cui gli insegnanti pianificano le lezioni e creano materiali didattici.

Gli strumenti basati sull'intelligenza artificiale, come gli assistenti alla pianificazione, offrono una varietà di funzionalità che facilitano lo sviluppo di piani di studio adattati alle esigenze degli studenti.

Secondo Johnson (2022), questi strumenti consentono agli insegnanti di risparmiare tempo, fornendo attività suggerite, sequenze didattiche e persino valutazioni personalizzate basate sui dati delle prestazioni degli studenti.

In questo modo, gli insegnanti possono concentrarsi maggiormente sull'interazione diretta con gli studenti e meno sui compiti amministrativi.

*Intelligenza Artificiale e Il Futuro dell'Educazione*

Oltre a ottimizzare i tempi, gli strumenti di pianificazione basati sull'IA migliorano anche la qualità dei materiali didattici.

Come affermato da Smith (2021), l'intelligenza artificiale può analizzare grandi volumi di informazioni e identificare le risorse più rilevanti ed efficaci per un determinato argomento. Ciò garantisce che il contenuto sia aggiornato, accurato e in linea con gli obiettivi formativi.

Strumenti come questi sono particolarmente utili in discipline che richiedono un aggiornamento costante, come la scienza e la tecnologia, da cui emergono periodicamente nuove conoscenze e scoperte.

Un altro importante vantaggio degli strumenti di intelligenza artificiale nella pianificazione educativa è la personalizzazione dell'insegnamento. Secondo Brown (2020), queste tecnologie sono in grado di adattare contenuti e metodologie di insegnamento per soddisfare le diverse esigenze di apprendimento degli studenti.

Ciò è particolarmente importante nelle classi eterogenee, dove esiste un'ampia varietà di stili e ritmi di apprendimento.

La personalizzazione fornita dall'intelligenza artificiale può portare a un insegnamento più inclusivo ed efficace, promuovendo migliori risultati accademici e una maggiore partecipazione degli studenti.

L'uso dell'intelligenza artificiale nella pianificazione educativa promuove anche la collaborazione tra insegnanti. Le piattaforme di pianificazione assistite dall'intelligenza artificiale spesso includono funzionalità per lo scambio e la co-creazione di materiali didattici.

Come affermato da Williams (2019), questi strumenti consentono agli educatori di lavorare insieme in modo più efficiente, scambiando esperienze e risorse a beneficio dell'intera comunità scolastica.

La collaborazione è facilitata dall'intelligenza artificiale, che può organizzare e suggerire contenuti basati sulle migliori pratiche e sui comprovati successi di altri insegnanti.

In definitiva, l'integrazione di assistenti di pianificazione basati sull'intelligenza artificiale nell'istruzione rappresenta un progresso significativo nella democratizzazione dell'accesso a risorse di alta qualità.

Anche in aree con minori risorse, l'intelligenza artificiale può fornire un valido supporto, garantendo a tutti gli studenti l'accesso a un'istruzione di qualità.

Questo impatto democratizzante è fondamentale per ridurre le disuguaglianze e promuovere un'istruzione più giusta ed equa.

### Analisi di Classe

L'uso delle tecnologie di intelligenza artificiale (AI) per monitorare e analizzare le dinamiche della classe è diventata una pratica sempre più comune nelle istituzioni educative.

È possibile avere una visione dettagliata e in tempo reale del comportamento degli studenti, dell'interazione tra loro e dell'efficacia delle strategie didattiche adottate.

Dal punto di vista di Wang (2021), i sistemi di analisi della classe basati sull'intelligenza artificiale possono raccogliere ed elaborare una grande quantità di dati, il che consente agli insegnanti di adattare i propri approcci pedagogici in modo più informato ed efficace.

Le telecamere intelligenti e i software di analisi del comportamento sono esempi di tecnologie utilizzate a questo scopo.

Li (2020) evidenzia che questi strumenti possono tracciare i movimenti, le espressioni facciali e le interazioni degli studenti, fornendo dati preziosi sul livello di impegno e partecipazione durante le lezioni.

Questo tipo di analisi è essenziale per identificare quali metodi di insegnamento sono più efficaci e quali potrebbero richiedere aggiustamenti. Inoltre, consente un intervento precoce in caso di mancanza di motivazione o difficoltà di apprendimento, fornendo un ambiente più ricettivo e adattivo.

L'analisi dei dati raccolti in classe può essere utilizzata anche per migliorare la gestione del tempo e l'organizzazione delle attività.

Secondo Kumar (2019), gli strumenti di intelligenza artificiale possono fornire informazioni su quanto tempo viene dedicato alle diverse attività e come questo influisce sull'apprendimento degli studenti.

Con queste informazioni, gli insegnanti possono ottimizzare il tempo in classe, garantendo che le attività più efficaci ricevano la necessaria attenzione.

Inoltre, queste tecnologie possono aiutare a identificare modelli di comportamento che indicano quando gli studenti sono più ricettivi all'apprendimento, il che consente una pianificazione più strategica delle lezioni.

Importante è anche la capacità di queste tecnologie di promuovere una maggiore equità in classe. Come osservato da Silva (2022), un'analisi dettagliata del comportamento e delle prestazioni degli studenti può rivelare disparità nella partecipazione e nell'impegno, spesso legate a fattori socioeconomici, culturali o di genere.

Con queste informazioni, gli insegnanti possono adottare misure proattive per garantire che tutti gli studenti abbiano le stesse opportunità di partecipazione e di successo.

L'implementazione di queste tecnologie in classe richiede un approccio etico e responsabile. Come affermato da Oliveira (2023), è fondamentale garantire la privacy e la sicurezza dei dati degli studenti, nonché la trasparenza nell'uso di queste informazioni.

Le istituzioni educative devono stabilire politiche chiare sulla raccolta e l'uso dei dati, coinvolgendo sacerdoti, studenti e insegnanti nel processo decisionale.

Solo allora sarà possibile godere appieno dei benefici di queste tecnologie, nel rispetto dei diritti e della dignità di tutti i soggetti coinvolti.

### Sviluppo Professionale

L'intelligenza artificiale (AI) ha svolto un ruolo chiave nel supportare lo sviluppo professionale continuo degli insegnanti, offrendo risorse e piattaforme innovative che facilitano l'apprendimento e l'aggiornamento delle competenze.

Queste tecnologie forniscono agli educatori l'accesso a contenuti personalizzati e adattabili in base alle loro specifiche esigenze di sviluppo e interessi professionali.

Secondo Davis (2021), le piattaforme di intelligenza artificiale sono in grado di analizzare le lacune conoscitive degli insegnanti e di suggerire corsi, workshop e materiali didattici che meglio soddisfano queste esigenze, promuovendo una formazione più efficiente e specifica.

Uno dei principali vantaggi delle piattaforme di sviluppo professionale basate sull'intelligenza artificiale è la loro capacità di offrire feedback in tempo reale.

Come sottolinea Johnson (2020), questi strumenti possono valutare le prestazioni degli insegnanti in diverse attività, come creare piani di lezione o tenere dibattiti in classe, e fornire suggerimenti immediati per il miglioramento.

Questo tipo di feedback è fondamentale per la crescita continua degli educatori, poiché consente adeguamenti rapidi ed efficaci alle loro pratiche pedagogiche, aumentando la qualità dell'insegnamento.

Inoltre, le tecnologie di intelligenza artificiale facilitano la creazione di comunità di apprendimento collaborativo tra insegnanti. Piattaforme come queste possono includere funzioni di social media in cui gli educatori possono condividere esperienze, discutere sfide comuni e collaborare a progetti comuni.

Come notato da Smith (2019), questa collaborazione tra pari è arricchita dall'intelligenza artificiale, che può identificare e connettere insegnanti con interessi ed esigenze simili, favorendo uno scambio di conoscenze più produttivo ed efficiente. Questa continua interazione con i colleghi fornisce un ambiente di apprendimento più dinamico e di supporto.

Supporta inoltre la personalizzazione della formazione continua degli insegnanti, consentendo a ciascun educatore di seguire un percorso di sviluppo unico adattato ai propri obiettivi e contesti di insegnamento.

Secondo Brown (2022), le piattaforme di sviluppo professionale basate sull'intelligenza artificiale utilizzano algoritmi sofisticati per consigliare risorse di apprendimento in linea con gli obiettivi individuali degli insegnanti, considerando fattori come il livello di esperienza, le aree di interesse e il feedback precedente.

Questo focus personalizzato aumenta la pertinenza e l'efficacia della formazione continua, garantendo che gli insegnanti siano sempre aggiornati sulle migliori pratiche e sulle conoscenze emergenti.

L'integrazione dell'intelligenza artificiale nello sviluppo professionale degli insegnanti apporta importanti vantaggi alla gestione del tempo.

Gli strumenti intelligenti possono organizzare e dare priorità alle attività di sviluppo, suggerendo orari ottimali per corsi e attività a seconda della disponibilità degli insegnanti.

Come affermato da García (2023), ciò consente agli educatori di conciliare meglio le loro responsabilità di insegnamento con le loro esigenze di formazione continua, ottimizzando il loro tempo e aumentando la loro efficienza.

In questo modo, solo l'IA sostiene la crescita professionale degli insegnanti, contribuendo anche a un più sano equilibrio tra lavoro e sviluppo personale.

# Sfide e Considerazioni Etiche

## *Privacy e Sicurezza dei dati*

L'implementazione delle tecnologie di intelligenza artificiale (AI) nell'ambiente educativo porta con sé importanti sfide legate alla privacy e alla sicurezza dei dati degli studenti.

La raccolta, l'archiviazione e il trattamento di grandi volumi di informazioni riservate richiedono misure rigorose per garantire che i dati siano protetti dall'accesso non autorizzato e dall'uso improprio.

Secondo Smith (2022), è essenziale che gli istituti scolastici adottino politiche di protezione dei dati chiare e complete, che rispettino la legislazione sulla privacy, come la Legge generale sulla protezione dei dati (LGPD) in Brasile e il Regolamento generale sulla protezione dei dati (GDPR). ) nell'Unione europea.

Uno degli aspetti principali da considerare è l'anonimizzazione e la crittografia dei dati. Come sottolinea Johnson (2021), l'anonimizzazione implica l'eliminazione degli identificatori personali dai dati, garantendo che le informazioni non possano essere attribuite a individui specifici.

La crittografia, invece, garantisce che i dati siano codificati in modo tale che solo le parti autorizzate possano accedervi e comprenderli.

Queste tecniche sono essenziali per proteggere la privacy degli studenti e ridurre al minimo il rischio di filtraggio dei dati, soprattutto in caso di attacchi informatici.

Pertanto, è fondamentale stabilire solidi controlli di accesso e un monitoraggio continuo dei sistemi.

Come affermato da Wang (2020), solo il personale autorizzato deve avere accesso ai dati riservati e deve implementare solidi meccanismi di autenticazione, come l'autenticazione a più fattori, per verificare l'identità degli utenti.

Il monitoraggio continuo delle reti e dei sistemi IT consente il rilevamento tempestivo di attività sospette e una risposta rapida a possibili incidenti di sicurezza. Queste pratiche sono essenziali per garantire che i dati degli studenti siano sempre protetti dalle minacce interne ed esterne.

Anche la trasparenza e il consenso informato svolgono un ruolo fondamentale nella protezione dei dati degli studenti. Oliveira (2023) chiarisce che le istituzioni educative devono informare chiaramente gli studenti e i loro tutor su quali dati vengono raccolti, come verranno utilizzati e quali misure vengono adottate per proteggerli.

Il consenso deve essere ottenuto in modo libero e informato, garantendo che tutte le parti coinvolte comprendano i rischi e i benefici associati all'uso dei dati.

La trasparenza in questo processo è essenziale per generare fiducia e garantire il rispetto degli standard sulla privacy.

La formazione e la sensibilizzazione di tutti gli attori coinvolti nell'istruzione sono essenziali per proteggere i dati degli studenti.

Come affermato da Silva (2019), gli insegnanti, gli amministratori e persino gli stessi studenti devono ricevere un'istruzione sulle migliori pratiche in materia di sicurezza dei dati e privacy.

Programmi di formazione periodici e campagne di sensibilizzazione aiutano a creare una cultura della sicurezza all'interno degli istituti scolastici, in cui tutti comprendono l'importanza di proteggere le informazioni riservate e di seguire politiche e procedure stabilite.

## Sesgo e la Giustizia

L'uso dell'intelligenza artificiale (AI) nell'istruzione offre molte opportunità, ma presenta anche sfide importanti, soprattutto per quanto riguarda la sicurezza degli algoritmi e la garanzia dell'equità.

Gli algoritmi di intelligenza artificiale sono costruiti a partire da dati storici e, se tali dati sono solidi, i sistemi di intelligenza artificiale possono perpetuare e persino amplificare queste disuguaglianze.

Secondo Noble (2018), è essenziale riconoscere che gli algoritmi non sono neutrali; riflettere sui presupposti e sulla saggezza presenti nei dati che li inseriscono.

Pertanto, un'analisi critica e costante di questi dati è essenziale per mitigare le perdite e promuovere la giustizia.

Per affrontare questo problema negli algoritmi di intelligenza artificiale, è necessario un approccio multidimensionale. Come affermato da O'Neil (2016), uno dei passi iniziali è la diversificazione delle attrezzature che sviluppano queste tecnologie.

È più probabile che team diversi identifichino e correggano errori che gruppi omogenei potrebbero trascurare.

Inoltre, è fondamentale implementare tecniche di auditing degli algoritmi, che implicano la revisione e il test dei sistemi per identificare i datori di lavoro discriminatori.

Questi audit devono essere periodici ed esaustivi, garantendo che gli algoritmi siano in continua evoluzione e miglioramento.

La trasparenza nei processi algoritmici è un'altra misura essenziale per garantire l'equità. Come suggerisce Binns (2018), le istituzioni educative e gli sviluppatori di intelligenza artificiale devono essere trasparenti su come funzionano gli algoritmi e su come vengono prese le decisioni.

Include fornire spiegazioni chiare e accessibili dei criteri utilizzati dagli algoritmi per prendere decisioni che riguardano gli studenti. La trasparenza consente a educatori, studenti e genitori di comprendere i processi e di fidarsi delle tecnologie, oltre a consentire l'identificazione e la correzione dei risultati.

Anche includere il feedback umano nel ciclo decisionale algoritmico è fondamentale per garantire l'equità. Secondo Angwin et al. (2016), i sistemi di intelligenza artificiale devono essere progettati in modo da consentire agli esseri umani di rivedere e, se necessario, mettere in discussione le decisioni automatizzate.

Ciò è particolarmente importante nei contesti educativi, dove le decisioni algoritmiche possono influenzare in modo significativo la vita degli studenti.

La revisione umana fornisce un ulteriore livello di controllo e può aiutare a identificare e correggere le ingiustizie che un algoritmo da solo potrebbe trascurare.

Come afferma Eubanks (2018), educatori, amministratori e sviluppatori devono essere consapevoli dei possibili rischi nei sistemi di intelligenza artificiale e delle migliori pratiche per mitigarli.

I programmi di formazione e sviluppo professionale devono includere componenti sull'etica dell'IA, sulla gestione algoritmica e sull'equità.

Solo con un impegno continuo a favore dell'educazione e della consapevolezza sarà possibile garantire che le tecnologie dell'intelligenza artificiale nell'istruzione siano giuste ed eque per tutti gli studenti.

### Impatto sul Ruolo Degli Insegnanti

L'integrazione delle tecnologie di intelligenza artificiale (AI) nell'ambiente educativo ha il potenziale per trasformare in modo significativo il ruolo degli insegnanti, offrendo nuovi strumenti e risorse per arricchire il processo di insegnamento e apprendimento.

Tuttavia, è essenziale riconoscere che l'intelligenza artificiale non può e non deve essere sostituita dagli educatori. Come suggerisce Selwyn (2019), la vera efficacia dell'intelligenza artificiale nell'istruzione risiede nella sua capacità di integrare e migliorare le pratiche pedagogiche, consentendo agli insegnanti di concentrarsi maggiormente sulle interazioni umane e sullo sviluppo olistico degli studenti.

Uno dei modi principali in cui l'intelligenza artificiale può trasformare il ruolo degli insegnanti è attraverso l'automazione dei compiti amministrativi e ripetitivi.

Per Luckin (2018), attività come la correzione degli esami, la registrazione dei titoli e il monitoraggio dell'assistenza possono essere automatizzate attraverso sistemi di intelligenza artificiale, liberando tempo prezioso affinché gli educatori possano dedicarsi ad aspetti più creativi e interattivi dell'insegnamento.

Questa automazione da sola aumenta l'efficienza, riducendo allo stesso tempo lo stress e il carico di lavoro degli insegnanti, il che consente una migliore qualità della vita e una maggiore attenzione allo sviluppo pedagogico.

Inoltre, IA può fornire supporto personalizzato agli studenti, soddisfacendo le loro esigenze di apprendimento individuali.

I tutor virtuali e i sistemi di apprendimento adattivo, ad esempio, possono analizzare i dati sulle prestazioni degli studenti e offrire raccomandazioni specifiche per migliorare la comprensione e la partecipazione.

Secondo Holmes (2020), questa personalizzazione aiuta a identificare e correggere le lacune nella conoscenza degli studenti in modo più efficace rispetto ai metodi tradizionali.

Tuttavia, è essenziale che gli insegnanti continuino a svolgere un ruolo centrale nell'interpretazione di questi dati e nell'adattare le strategie di insegnamento per servire meglio i loro studenti.

L'IA può anche arricchire lo sviluppo professionale degli insegnanti fornendo continue opportunità di apprendimento e crescita.

Come evidenziato da Darling-Hammond et al. (2020), le piattaforme di intelligenza artificiale possono offrire feedback in tempo reale sulle pratiche pedagogiche, suggerire nuovi metodi di insegnamento e facilitare la collaborazione tra educatori.

Questo sviluppo continuo è essenziale affinché gli insegnanti rimangano aggiornati con le ultime ricerche e innovazioni nel campo dell'istruzione, garantendo che la pratica pedagogica rimanga pertinente ed efficace.

Tuttavia, è importante riconoscere che la presenza dell'intelligenza artificiale nell'istruzione solleva questioni etiche e sfide legate all'equità e alla giustizia.

Come affermato da Williamson (2019), è necessario garantire che l'accesso alle tecnologie AI sia equo e che tutti gli studenti, indipendentemente dalla loro origine socioeconomica, possano beneficiare di queste innovazioni.

Inoltre, gli insegnanti devono essere qualificati per utilizzare queste tecnologie in modo etico e responsabile, tutelando la privacy dei dati degli studenti e promuovendo un ambiente di apprendimento inclusivo.

In conclusione, l'intelligenza artificiale ha il potenziale per trasformare profondamente il ruolo degli insegnanti, offrendo nuove opportunità per migliorare l'insegnamento e l'apprendimento. Tuttavia, l'essenza del lavoro educativo, che implica connessione umana, empatia e orientamento, rimane insostituibile.

Come suggerisce Knox (2020), gli insegnanti continueranno a sfruttare il vantaggio emotivo e intellettuale delle classi, utilizzando l'intelligenza artificiale come potente strumento per espandere le proprie capacità, ma mai come sostituto del loro ruolo fondamentale nell'istruzione.

# Casi di Studio

## *Implementazioni di Successo*

Numerose scuole e istituzioni in tutto il mondo hanno dimostrato il successo dell'applicazione dell'intelligenza artificiale (AI) negli ambienti educativi.

Questi esempi illustrano come l'intelligenza artificiale può essere utilizzata in modo efficace per migliorare la qualità dell'insegnamento e dell'apprendimento, ottimizzare i processi amministrativi e promuovere l'equità educativa.

Un esempio notevole è l'uso dell'intelligenza artificiale nel sistema scolastico pubblico di Baltimora negli Stati Uniti. Secondo uno studio di Baker e Smith (2020), l'implementazione di tutor virtuali basati sull'intelligenza artificiale ha contribuito a personalizzare l'apprendimento per gli studenti della scuola secondaria e preparatoria.

Questi tutor analizzano i dati sulle prestazioni degli studenti in tempo reale, fornendo un feedback immediato e adattando i contenuti per soddisfare le esigenze individuali di ogni studente.

Di conseguenza, si è verificato un miglioramento significativo nel completamento dei compiti e nel rendimento scolastico, soprattutto tra gli studenti con difficoltà di apprendimento.

Un'altra storia di successo si riscontra presso l'Università di Helsinki in Finlandia, dove l'intelligenza artificiale è stata utilizzata per supportare lo sviluppo professionale continuo degli insegnanti.

Come riportato da Salmela-Aro et al. (2021), l'università ha adottato una piattaforma di intelligenza artificiale che offre corsi personalizzati per aggiornare e sviluppare competenze pedagogiche.

La piattaforma analizza le esigenze individuali degli insegnanti e consiglia contenuti specifici, facilitando un apprendimento continuo ed efficace. Inoltre, la piattaforma promuove la collaborazione tra educatori, consentendo lo scambio di esperienze e buone pratiche. Questo utilizzo dell'intelligenza artificiale ha contribuito a un ambiente didattico più dinamico e adattabile.

In Asia, la scuola secondaria di Shanghai in Cina è un altro esempio di implementazione riuscita dell'intelligenza artificiale. Secondo Li (2019), la scuola utilizza tecnologie di analisi della classe basate sull'intelligenza artificiale per monitorare le dinamiche della classe e migliorare l'interazione tra studenti e insegnanti.

Telecamere intelligenti e software di riconoscimento facciale vengono utilizzati per monitorare la partecipazione degli studenti durante le lezioni, identificare i momenti di distrazione e adattare gli approcci pedagogici in tempo reale.

Questo sistema aiuta ad aumentare la partecipazione degli studenti e l'efficacia dell'insegnamento, fornendo un'educazione più personalizzata e ricettiva.

In Brasile, il Colégio Bandeirantes de São Paulo ha utilizzato l'intelligenza artificiale per migliorare la gestione amministrativa e pedagogica. Come descritto da Oliveira (2022), l'istituto ha implementato un sistema di intelligenza artificiale per analizzare grandi volumi di dati relativi al rendimento, all'assistenza e al comportamento degli studenti.

Questo sistema fornisce agli amministratori e agli insegnanti informazioni preziose per prendere decisioni informate sugli interventi pedagogici e sulle strategie didattiche.

L'analisi dei dati ha inoltre contribuito a identificare e sostenere gli studenti a rischio di abbandono scolastico, il che ha contribuito a una significativa riduzione dei tassi di abbandono scolastico.

Infine, in Australia, l'Università di Melbourne ha esplorato l'uso dell'intelligenza artificiale per promuovere l'inclusione e l'equità. Secondo Brown (2023), l'università ha implementato un sistema di intelligenza artificiale per supportare gli studenti con bisogni speciali.

Il sistema utilizza algoritmi di apprendimento automatico per adattare i materiali didattici e fornire supporto personalizzato, come sottotitoli automatici per video e traduzioni in tempo reale per studenti con disabilità uditive.

Le iniziative hanno migliorato l'accessibilità e il rendimento scolastico degli studenti con bisogni speciali, promuovendo un'istruzione più inclusiva.

Questi casi di studio dimostrano che, se implementata in modo efficace ed etico, l'intelligenza artificiale può trasformare positivamente l'istruzione.

Si tratta di opportunità per personalizzare l'apprendimento, migliorare l'efficienza amministrativa, promuovere l'equità e sostenere lo sviluppo continuo di insegnanti e studenti.

Tuttavia, è essenziale continuare a monitorare e adattare queste implementazioni per garantire che tutti i potenziali benefici siano pienamente realizzati.

### Lezioni Apprese e Sfide

L'implementazione dell'intelligenza artificiale (AI) negli ambienti educativi, nonostante i suoi numerosi vantaggi, deve affrontare una serie di sfide.

L'analisi del modo in cui le diverse istituzioni hanno superato questi ostacoli fornisce lezioni preziose per le implementazioni future.

Una delle maggiori sfide che l'implementazione dell'intelligenza artificiale deve affrontare nell'istruzione è garantire la qualità e l'accuratezza dei dati utilizzati per addestrare gli algoritmi. Dati incompleti o separati possono generare risultati imprecisi e perpetuare le disuguaglianze.

Come riportato da Li (2019) presso la Shanghai Secondary School, prima di implementare i sistemi di intelligenza artificiale è stato adottato un rigoroso processo di convalida dei dati.

La scuola si è basata su strumenti di pulizia dei dati e sulla formazione dei dipendenti sull'importanza di raccogliere informazioni accurate.

Inoltre, l'istituzione effettua controlli periodici per garantire la continua qualità dei dati, adeguando gli algoritmi secondo necessità.

L'introduzione di nuove tecnologie incontra spesso la resistenza di insegnanti e amministratori, che possono sentirsi a proprio agio con i metodi di insegnamento e gestione tradizionali.

Al Colégio Bandeirantes, a San Paolo, come descritto da Oliveira (2022), la strategia adottata è stata quella di coinvolgere insegnanti e amministratori fin dall'inizio del processo di implementazione dell'IA.

Si sono svolte sessioni di formazione e formazione per dimostrare i vantaggi delle nuove tecnologie e formare gli educatori all'uso efficace degli strumenti di intelligenza artificiale.

Inoltre, è stato promosso un ambiente di feedback continuo, in cui gli utenti potevano esprimere le proprie preoccupazioni e suggerimenti, il che ha contribuito a ridurre la resistenza e ad aumentare l'accettazione.

La protezione della privacy e della sicurezza dei dati degli studenti è una preoccupazione fondamentale quando si implementano le tecnologie di intelligenza artificiale nelle scuole.

In linea con Brown (2023), l'Università di Melbourne ha adottato un approccio articolato per garantire la sicurezza dei dati.

Ciò include l'uso della crittografia avanzata per proteggere le informazioni riservate, l'implementazione di rigorose politiche di accesso ai dati e l'esecuzione di valutazioni di impatto sulla privacy.

L'università ha inoltre stabilito associazioni con esperti di sicurezza informatica per monitorare e proteggere continuamente le infrastrutture IT dalle minacce.

La disparità nell'accesso alle tecnologie avanzate può esacerbare le disuguaglianze esistenti tra studenti provenienti da contesti socioeconomici diversi.

Le scuole pubbliche di Baltimora, come descritto da Baker e Smith (2020), hanno affrontato questo problema garantendo che tutte le implementazioni dell'intelligenza artificiale fossero accompagnate da sforzi per fornire un accesso equo alla tecnologia.

Inoltre, sono state realizzate iniziative comunitarie per educare sacerdoti e studenti all'uso delle nuove tecnologie, garantendo che tutti potessero beneficiare equamente delle innovazioni.

Personalizzare l'apprendimento per ogni studente mantenendo allo stesso tempo la scalabilità delle soluzioni è una sfida importante.

All'Università di Helsinki, come menzionato da Salmela-Aro et al. (2021), la soluzione implica l'uso di algoritmi di apprendimento adattivo che possono scalare senza perdere la personalizzazione.

Questi algoritmi adattano automaticamente i contenuti in base alle interazioni degli studenti, consentendo un'esperienza personalizzata per un gran numero di studenti.

L'università ha inoltre investito in solide infrastrutture e sistemi di supporto tecnico per mantenere l'efficienza operativa su larga scala.

Queste lezioni apprese evidenziano l'importanza di un approccio strategico e articolato per l'implementazione dell'IA nell'istruzione.

Superare le sfide richiede non solo investimenti tecnologici, ma anche un impegno in termini di capacità, equità e trasparenza.

Imparando da queste esperienze, altre istituzioni possono adottare pratiche di successo ed evitare errori comuni, garantendo che l'intelligenza artificiale possa raggiungere il suo potenziale per trasformare positivamente l'istruzione.

# Il Futuro dell'Intelligenza Artificiale Nell'istruzione

## *Tendenze Emergenti*

L'intelligenza artificiale (AI) continua a evolversi rapidamente e il suo impatto sull'istruzione si sta espandendo in modi innovativi e promettenti.

Le tendenze emergenti indicano che le tecnologie e le pratiche basate sull'intelligenza artificiale trasformeranno ulteriormente il panorama educativo, rendendo l'insegnamento e l'apprendimento più personalizzati, efficienti e inclusivi.

La personalizzazione dell'insegnamento è uno degli ambiti più promettenti dell'IA nell'istruzione.

Le piattaforme di apprendimento adattivo utilizzano algoritmi di intelligenza artificiale per analizzare le prestazioni di ogni studente e adattare il contenuto e il ritmo dell'insegnamento alle sue esigenze specifiche.

Come menzionato da Holmes (2020), queste piattaforme sono in grado di identificare i punti di forza e di debolezza di ogni studente, offrendo materiali complementari e sfide adeguate per massimizzare l'apprendimento individuale.

Questa attenzione personalizzata da sola migliora il rendimento accademico e aumenta anche l'impegno e la motivazione degli studenti.

Gli assistenti virtuali basati sull'intelligenza artificiale stanno diventando strumenti preziosi per studenti e insegnanti. Secondo una ricerca di Baker (2021), assistenti come Alexa di Amazon e Google Assistant vengono integrati nelle classi per aiutare a rispondere alle domande, fornire informazioni aggiuntive sugli argomenti discussi in classe e persino aiutare nella gestione delle attività.

Questi assistenti virtuali possono fornire supporto agli studenti 24 ore al giorno, 7 giorni alla settimana, aiutandoli a trovare risorse e risposte immediate, il che facilita l'apprendimento continuo al di fuori della classe.

L'analisi dell'apprendimento utilizza i big data e l'intelligenza artificiale per fornire informazioni approfondite sul processo educativo.

Come evidenziato da Siemens e Long (2019), questa pratica prevede la raccolta e l'analisi di grandi volumi di dati educativi per identificare gli utenti e prevedere le tendenze.

Gli istituti possono utilizzare queste informazioni per prendere decisioni informate sui piani di studio, sui metodi di insegnamento e sul supporto agli studenti.

L'analisi dell'apprendimento consente inoltre interventi precoci per gli studenti che hanno difficoltà, il che aiuta a migliorare i tassi di permanenza e di successo.

L'intelligenza artificiale sta svolgendo un ruolo cruciale nella creazione di ambienti di apprendimento più inclusivi. Sono in fase di sviluppo strumenti di intelligenza artificiale per aiutare gli studenti con bisogni speciali a superare le barriere dell'apprendimento.

Secondo Eubanks (2022), tecnologie come il riconoscimento vocale, la traduzione in tempo reale e le interfacce utente adattive vengono implementate per rendere i contenuti educativi più accessibili a tutti gli studenti.

Queste tecnologie aiutano a garantire che gli studenti con disabilità uditive, visive o motorie possano partecipare pienamente alle attività educative.

La realtà aumentata (AR) e la realtà virtuale (VR), guidate dall'intelligenza artificiale, stanno trasformando il modo in cui gli studenti interagiscono con i contenuti educativi.

Johnson (2023) spiega che queste tecnologie immersive consentono agli studenti di sperimentare ambienti e situazioni che sarebbero impossibili da replicare in una classe tradizionale.

Ad esempio, gli studenti possono esplorare l'interno di una cellula umana, visitare siti storici o effettuare esperimenti scientifici in un ambiente sicuro e controllato.

L'intelligenza artificiale aiuta a personalizzare queste esperienze, adattando i contenuti per soddisfare le esigenze e gli interessi specifici di ogni studente.

L'intelligenza artificiale viene utilizzata anche per supportare lo sviluppo socio-emotivo degli studenti. Strumenti basati sull'intelligenza artificiale possono monitorare il benessere emotivo degli studenti e fornire un supporto personalizzato.

Come descritto da Lopes (2024), i sistemi di intelligenza artificiale possono analizzare le interazioni e i comportamenti degli studenti per identificare segnali di stress, ansia o demotivazione, offrendo interventi appropriati.

Questi sistemi aiutano a creare un ambiente di apprendimento più olistico in cui lo sviluppo emotivo è considerato importante quanto lo sviluppo accademico.

La formazione continua degli insegnanti è essenziale per mantenere la qualità dell'istruzione. Sono in fase di sviluppo strumenti di intelligenza artificiale per fornire feedback in tempo reale e opportunità di sviluppo professionale personalizzate.

Darling-Hammond et al. (2020) suggerisce che le piattaforme di intelligenza artificiale possono analizzare le pratiche didattiche degli insegnanti, suggerire miglioramenti e fornire risorse educative adatte alle loro esigenze specifiche.

Queste tendenze emergenti evidenziano il potenziale di trasformazione dell'intelligenza artificiale nell'istruzione. Poiché la tecnologia continua ad evolversi, si prevede che il ruolo dell'intelligenza artificiale nell'insegnamento e nell'apprendimento diventerà più integrato ed essenziale.

Tuttavia, è fondamentale che l'implementazione di queste tecnologie avvenga in modo etico e inclusivo, garantendo che tutti gli studenti beneficino equamente di queste innovazioni.

### Visioni per il Futuro

L'intelligenza artificiale (AI) ha il potenziale per continuare a rivoluzionare il settore educativo, apportando innovazioni in grado di trasformare profondamente il modo in cui insegniamo e apprendiamo.

Con l'avanzare della tecnologia, stanno emergendo diverse prospettive su come l'intelligenza artificiale potrà plasmare il futuro dell'istruzione nei prossimi anni.

La personalizzazione dell'enseñanza, guidata dall'intelligenza artificiale, potrebbe diventare ancora più sofisticata. Secondo Luckin (2018), i progressi nell'apprendimento automatico e nei big data consentiranno ai sistemi educativi basati sull'intelligenza artificiale di comprendere meglio le preferenze e le esigenze individuali degli studenti.

Ciò si tradurrà in esperienze di apprendimento altamente personalizzate in cui ogni studente riceverà un piano di studi su misura per il proprio stile di apprendimento, ritmo e interessi specifici.

Questo livello di personalizzazione può aiutare a massimizzare il potenziale di ogni studente, promuovendo un impegno più profondo e un migliore rendimento accademico.

L'intelligenza artificiale ha il potenziale per diventare co-educatrice insieme agli insegnanti umani. Secondo Selwyn (2019), assistenti virtuali intelligenti e tutor di intelligenza artificiale possono fornire supporto continuo agli studenti rispondendo a domande, spiegando concetti e offrendo risorse aggiuntive.

Questi sistemi possono funzionare come estensioni degli insegnanti, consentendo agli educatori umani di concentrarsi su aspetti più complessi e creativi dell'insegnamento, come il tutoraggio e lo sviluppo socio-emotivo degli studenti.

Le tecnologie di realtà aumentata (AR) e realtà virtuale (VR) basate sull'intelligenza artificiale sono posizionate per creare ambienti di apprendimento coinvolgenti ed esperienziali.

Come sottolinea Johnson (2023), queste tecnologie consentiranno agli studenti di esplorare ambienti virtuali ricchi e interattivi, realizzando esperimenti scientifici, esplorando mondi storici e partecipando a simulazioni complesse.

L'intelligenza artificiale aiuterà ad adattare queste esperienze al livello di abilità e progresso di ogni studente, fornendo un apprendimento più attraente ed efficace.

La valutazione tradizionale, che spesso si basa su singoli esami, potrebbe essere integrata o sostituita da sistemi di valutazione continua basati sull'intelligenza artificiale.

Holmes (2020) indica che l'IA può monitorare i progressi degli studenti in tempo reale, fornendo un feedback immediato sulle loro prestazioni.

Questo approccio consentirà agli studenti di correggere gli errori e migliorare continuamente le proprie competenze, invece di attendere i risultati di valutazioni periodiche. Ciò può portare ad un apprendimento più profondo e duraturo.

L'intelligenza artificiale può svolgere un ruolo cruciale nel promuovere l'equità e l'inclusione nell'istruzione. Gli strumenti di intelligenza artificiale possono essere utilizzati per identificare e supportare gli studenti provenienti da gruppi emarginati o con bisogni speciali.

Come osservato da Eubanks (2018), gli algoritmi di intelligenza artificiale possono rilevare i primi segnali di difficoltà di apprendimento o di disconnessione, consentendo interventi proattivi.

Inoltre, tecnologie come la traduzione automatica e le interfacce adattabili possono rendere i contenuti educativi più accessibili a una varietà di studenti, garantendo che tutti abbiano le stesse opportunità di successo.

Gli insegnanti continueranno a beneficiare delle tecnologie di intelligenza artificiale per il loro sviluppo professionale.

Le piattaforme di sviluppo basate sull'intelligenza artificiale possono offrire feedback personalizzati e risorse di formazione su misura per le esigenze specifiche di ciascun educatore.

Secondo Darling-Hammond et al. (2020), queste piattaforme possono aiutare gli insegnanti a mantenersi aggiornati sulle migliori pratiche pedagogiche e sulle innovazioni educative, promuovendo il miglioramento continuo della qualità dell'insegnamento.

L'intelligenza artificiale può anche trasformare la gestione scolastica, rendendola più efficiente ed efficace. Come menzionato da Oliveira (2022), i sistemi di intelligenza artificiale possono ottimizzare l'amministrazione scolastica, dall'allocazione delle risorse e dalla pianificazione degli orari al monitoraggio delle prestazioni istituzionali.

Questi sistemi possono analizzare grandi volumi di dati per identificare tendenze e prevedere esigenze future, aiutando le scuole a prendere decisioni strategiche e informate.

L'intelligenza artificiale può facilitare la collaborazione globale tra educatori, studenti e istituzioni. Le piattaforme basate sull'intelligenza artificiale possono connettere persone provenienti da diverse parti del mondo, consentendo loro di condividere risorse, idee e migliori pratiche.

Secondo Williamson (2019), questa collaborazione globale può arricchire il processo educativo, portando in classe una diversità di prospettive e conoscenze.

In conclusione, l'intelligenza artificiale ha il potenziale per trasformare radicalmente l'istruzione nei prossimi anni,

*Intelligenza Artificiale e Il Futuro dell'Educazione*

rendendola più personalizzata, inclusiva, efficiente e collaborativa.

Tuttavia, è fondamentale che l'implementazione di queste tecnologie avvenga in modo etico e responsabile, garantendo che i benefici siano distribuiti equamente e che sfide come la privacy e la sicurezza algoritmica siano affrontate in modo appropriato.

Con un approccio riflessivo e incentrato sullo studente, l'intelligenza artificiale può contribuire a creare un futuro educativo più luminoso e inclusivo per tutti.

## Pensieri Finali

L'intelligenza artificiale ha il potenziale per rivoluzionare l'istruzione, offrendo nuove possibilità per personalizzare l'apprendimento, supportare gli insegnanti e migliorare la gestione della scuola.

Tuttavia, è essenziale affrontare le sfide etiche e garantire che l'implementazione di queste tecnologie sia equa e inclusiva.

Imparando da esperienze di implementazione di successo e continuando a esplorare le innovazioni, possiamo costruire un futuro educativo più efficiente, accessibile ed equo.

Il percorso verso l'integrazione dell'intelligenza artificiale nell'istruzione è appena iniziato ed è essenziale che educatori, amministratori, decisori politici e sviluppatori di tecnologia lavorino insieme per esplorare appieno il potenziale di questi strumenti e avere anche il tempo per mitigare i rischi.

Con un approccio riflessivo e collaborativo, l'intelligenza artificiale può contribuire a creare un sistema educativo che meglio soddisfi le esigenze di tutti gli studenti, preparandoli per un futuro in cui la tecnologia gioca un ruolo centrale.

In questo libro analizzeremo approfonditamente il modo in cui l'intelligenza artificiale (AI) può trasformare l'istruzione, apportando importanti vantaggi a studenti, insegnanti e istituzioni.

Ora siamo arrivati a un punto cruciale in cui è necessario mettere in pratica la teoria.

Gli educatori sono in prima linea nell'istruzione e hanno il potere di trasformare l'esperienza di apprendimento degli studenti. Sfrutta gli strumenti di intelligenza artificiale per personalizzare l'insegnamento, identificare le esigenze degli studenti in tempo reale e fornire supporto personalizzato.

L'adozione dell'intelligenza artificiale nell'istruzione non è solo una tendenza passeggera, ma un'evoluzione necessaria per soddisfare le esigenze del XXI secolo.

Educatori, amministratori e politici hanno la responsabilità congiunta di esplorare in modo proattivo queste tecnologie, garantendo che la loro implementazione sia giusta, etica e centrata sullo studente.

Questo è un momento di grandi opportunità. Adottando l'intelligenza artificiale con uno spirito di innovazione e collaborazione, possiamo creare un sistema educativo che risponda sul campo alle esigenze di oggi ma si prepari anche alle sfide e alle opportunità di domani.

L'educazione del futuro inizia adesso, quando ognuno di noi intraprende azioni decisive per integrare l'intelligenza artificiale in modo efficace ed equo.

Lavoriamo insieme per trasformare l'istruzione e aprire la strada a un futuro migliore per tutti gli studenti.

*Intelligenza Artificiale e Il Futuro dell'Educazione*

# Appendici

## *Glossario dei Termini dell'IA*

1. Intelligenza Artificiale (AI): campo dell'informatica che si concentra sulla creazione di sistemi in grado di eseguire compiti che normalmente richiedono l'intelligenza umana, come l'apprendimento, il ragionamento e la risoluzione di problemi.

2. Apprendimento automatico: sottocampo dell'intelligenza artificiale che prevede la costruzione di algoritmi e modelli statistici che consentono ai computer di apprendere dai dati e fare previsioni o decisioni senza essere esplicitamente programmati per farlo.

3. Reti neuronali artificiali: modelli computazionali ispirati al funzionamento del cervello umano, composti da strati di nodi

*Intelligenza Artificiale e Il Futuro dell'Educazione*

interconnessi (neuroni) che elaborano e trasmettono informazioni.

4. Apprendimento profondo: sottocampo dell'apprendimento automatico che utilizza reti neurali artificiali multistrato per modellare e comprendere modelli complessi in grandi volumi di dati.

5. Natural Language Processing (NLP): area dell'intelligenza artificiale che si concentra sull'interazione tra computer ed esseri umani attraverso il linguaggio naturale, consentendo ai computer di comprendere, interpretare e generare il linguaggio umano.

6. Big Data: insieme di dati estremamente grandi e complessi che richiedono strumenti e tecniche avanzate per la loro archiviazione, elaborazione e analisi.

7. Analisi dell'apprendimento: utilizzo di dati e analisi per comprendere e ottimizzare l'apprendimento e gli ambienti in cui avviene. Implica la raccolta, misurazione, analisi e reporting di dati sugli studenti e sui loro contesti di apprendimento.

8. Tutor intelligenti: sistemi di intelligenza artificiale progettati per fornire insegnamento personalizzato e feedback immediato agli studenti, adattandosi alle loro esigenze individuali.

9. Realtà Aumentata (AR): tecnologia che sovrappone informazioni digitali (immagini, video, suoni) al mondo reale, fornendo un'esperienza arricchita per l'utente.

10. Realtà virtuale (VR): tecnologia che crea un ambiente tridimensionale simulato, in cui gli utenti possono interagire in modo coinvolgente, utilizzando dispositivi come visori VR.

11. Algoritmo: insieme di regole o istruzioni passo passo utilizzate per risolvere un problema o eseguire un'attività.

12. Analisi algoritmica: tendenza di un algoritmo a riflettere i danni o le disuguaglianze presenti nei dati di addestramento, che si traduce in decisioni o previsioni non informate.

13. Assistenti virtuali: programmi di intelligenza artificiale che eseguono compiti o servizi per un individuo, sulla base di comandi vocali o di testo, come Google Assistant o Amazon Alexa.

14. Personalizzazione dell'istruzione: uso della tecnologia per adattare il processo di insegnamento e i materiali di apprendimento alle esigenze e alle preferenze individuali di ogni studente.

## Articoli

1. Darling-Hammond, Linda et al. "Implicazioni per la pratica educativa dell'apprendimento delle scienze e dello sviluppo". *Scienze applicate dello sviluppo*, 2020.

2. Siemens, George; Largo, Phil. "Penetrare l'oscurità: analisi dell'apprendimento e dell'educazione". *Revisione EDUCAUSE*, 2019.

3. Williamson, Ben. "Reti politiche, parametri di prestazione e mercati delle piattaforme: portare l'infrastruttura dei dati nell'espansione dell'istruzione superiore". *Rivista britannica di tecnologia educativa*, 2019.

## Riferimenti Bibliografici

ANDERSON, JR; CORBETT, EN; KOEDINGER, K.R.; PELLETIER, R. Tutor cognitivi: lezioni apprese. *Revista de Ciencias del Aprendizaje*, v. 4, n. 2, pag. 167-207, 2014.

ANGWIN, Julia et al. "Sesgo de la Máquina". ProPublica, 2016.

ARNOLD, K.E.; PISTILLI, MD Punti salienti del corso alla Purdue: utilizzare l'analisi dell'apprendimento per aumentare il successo degli studenti. It: Atti della Seconda Conferenza Internazionale sull'Analisi della Conoscenza e dell'Apprendimento, 2012, p. 267-270.

ATTALI, Y.; BURSTEIN, J. Punteggio dei test automatizzato con E-rater V.2. *Revista de Tecnología, Aprendizaje y Evaluación*, v. 4, n. 3, pag. 1-30, 2006.

BAILEY, J.; BAILEY, M. Il ruolo del software di rilevamento del plagio nell'apprendimento e nella valutazione. *Investigazione sulle tecnologie dell'apprendimento*, v. 25, 2017.

PANADERO, RS; INVENTATO, PS Data mining didattico e analisi dell'apprendimento. In: LARUSSON, JA; WHITE, B. (a cura di), *Learning Analytics: dalla ricerca alla pratica*, New York: Springer, 2014, p. 61-75.

PANADERO, Rosie; SMITH, Emily. Apprendimento personalizzato con l'intelligenza artificiale: un caso di studio da Baltimora. *Rivista sulla tecnologia educativa*, 2020.

BALFOUR, SP Valutazione della scrittura in MOOC: punteggio automatizzato dei saggi e revisione tra pari calibrata. *Pratica di ricerca e valutazione*, v. 8, pag. 40-48, 2013.

BENNETT, RE; BEJAR, II Validità e punteggio automatizzato: No Es Solo el Scoring. *Misurazione educativa: domande e pratiche*, v. 17, n. 4, pag. 9-17, 1998.

BINNS, Rubén. La giustizia nell'apprendimento automatico: lezioni di filosofia politica. It: Atti della conferenza del 2018 su equità, responsabilità e trasparenza, 2018.

NEGRO, P.; WILIAM, D. Sviluppo della teoria della valutazione formativa. *Valutazione, valutazione e resa dei conti educativi*, v. 21, pag. 5-31, 2009.

BOWER, M.; STURMAN, D. Quali sono i vantaggi educativi delle tecnologie portatili? *Computer e istruzione*, v. 88, pag. 343-353, 2015.

BRETAG, T. Los atajos non danneggerà gli studenti. *Naturaleza*, vol. 503, n. 7476, pag. 167, 2013.

MARRONE, Giacomo. AI for inclusion: a sostegno degli studenti con disabilità dell'Università di Melbourne. *Giornale internazionale dell'educazione inclusiva*, 2023.

MARRONE, Giacomo. Sviluppo professionale personalizzato per insegnanti con l'intelligenza artificiale. New York: Pressa per le innovazioni educative, 2022.

MARRONE, Giacomo. Personalizzare l'apprendimento con l'intelligenza artificiale: una guida per gli educatori. New York: Stampa per le innovazioni educative, 2020.

BUCKINGHAM SHUM, S.; FERGUSON, R. Analisi dell'apprendimento sociale. *Tecnologia educativa e società*, v. 15, n. 3, pag. 3-26, 2012.

CHUDA, D.; VITAZEK, S.; KACZAN, R.; HOJASOVÁ, L. La questione del plagio (software): una revisione. *Acta Politécnica Hungarica*, c. 9, n. 6, pag. 101-120, 2012.

CLOUGH, P. Plagio nei linguaggi naturali e di programmazione: una descrizione generale degli strumenti e delle tecnologie attuali. *Memorandum di indagine*, CS-00-05, 2000.

DARLING-HAMMOND, Linda et al. Implicazioni per la pratica educativa dell'apprendimento delle scienze e dello sviluppo. *Scienze applicate dello sviluppo*, 2020.

DAVIS, Emily. L'IA nello sviluppo professionale della didattica: strategie e strumenti. Londra: Revisione dell'istruzione globale, 2021.

DANIEL, BK Big Data e analisi nell'istruzione superiore: opportunità e sfide. *British Journal of Educational Technology*, v. 46, n. 5, pag. 904-920, 2015.

DIKLI, S. Una descrizione generale del punteggio dei test automatizzati. *La Revista de Tecnología, Aprendizaje y Evaluación*, v. 5, n. 1, pag. 1-35, 2006.

EUBANKS, Virginia. Automatizzare la disuguaglianza: come gli strumenti high-tech profilano, monitorano e puniscono i poveri. New York: St.Martin's Press, 2018.

FOLTÝNEK, T.; DLABOLOVÁ, D.; ANOHINA-NAUMECA, A. Test degli strumenti di supporto per il rilevamento del plagio. *Giornale internazionale per l'integrità educativa*, v. 15, n. 1, 2019.

GARCIA, Maria. L'intelligenza artificiale nell'istruzione: democratizzare l'accesso a risorse di qualità. Londra: Revisione dell'istruzione globale, 2023.

GARCIA, Maria. Ottimizzazione della gestione del tempo degli insegnanti con l'intelligenza artificiale. Toronto: diario dell'educatore, 2023.

GIKANDI, JW; MAÑANA, D.; DAVIS, NE Valutazione formativa online nell'istruzione superiore: una revisione della letteratura. *Computer e istruzione*, v. 57, n. 4, pag. 2333-2351, 2011.

GRAESSER, AC; CONLEY, MW; OLNEY, A. Sistemi di tutoraggio intelligenti. It: HARRIS, KR; GRAHAM, S.; URDAN, T.; AUTOBUS, AG; GRANDI CAMPIONATI.; SWANSON, HL (a cura di), *Manual de Psicología Educativa de la APA*, v. 3, Washington, DC: Associazione Estadounidense de Psicología, 2012, p. 451-473.

GELLER, W.; DACHSLER, H. Tradurre l'apprendimento in numeri: un quadro generico per l'analisi dell'apprendimento. *Tecnologia educativa e società*, v. 15, n. 3, pag. 42-57, 2012.

HATTIE, J.; TIMPERLEY, H. Il potere del feedback. *Recensione della ricerca educativa*, v. 77, n. 1, pag. 81-112, 2007.

HEFFERNAN, Nuovo Testamento; KOEDINGER, KR Il futuro dei tutor cognitivi: dall'aula di ricerca a tutte le classi. It: ROBINSON, DH; SCHRAW, G. (a cura di), *Prospettive attuali su cognizione, apprendimento e istruzione: recenti innovazioni nella tecnologia educativa che facilitano l'apprendimento degli studenti*, Charlotte, Carolina del Norte: Information Age Publishing, 2012, p. 225-249.

MIEL, P.; MUMFORD, A. *Il manuale degli stili di apprendimento*. Maidenhead: Peter Honey, 1982.

HOLMES, Wayne. L'intelligenza artificiale nell'istruzione: promesse e implicazioni per l'insegnamento e l'apprendimento. New York: Routledge, 2020.

JOHNSON, L.; ADAMS BECKER, S.; CARRETERA, V.; FREEMAN, A. *Rapporto NMC Horizon: edizione sull'istruzione superiore 2014*. Austin, Texas: El Consorcio de Nuevos Medios, 2014.

JOHNSON, Marco. La sicurezza dei dati nell'istruzione: migliori pratiche e strategie. Boston: editori TechEd, 2021.

JOHNSON, Marco. Apprendimento immersivo con AR e VR: il futuro dell'istruzione. *Rivista sulla tecnologia educativa*, 2023.

JOHNSON, Marco. Feedback in tempo reale per gli insegnanti che utilizzano l'intelligenza artificiale. Boston: editori TechEd, 2020.

JOHNSON, Marco. Il ruolo dell'intelligenza artificiale nell'istruzione moderna. Boston: editori TechEd, 2022.

GIORDANIA, MI; MITCHELL, TM Apprendimento automatico: tendenze, prospettive e prospettive. *Scienza*, vol. 349, n. 6245, pag. 255-260, 2009.

JURAFSKY, Daniele; MARTIN, James H. *Procesamiento del habla y el lenguaje*. 2a ed. Río Upper Sella: Prentice Hall, 2008.

KULIK, JA; FLETCHER, JD Efficacia dei sistemi di tutoraggio intelligenti: una revisione meta-analitica. *Recensione della ricerca educativa*, v. 86, n. 4, pag. 1117-1160, 2016.

KULIK, JA; KULIK, C.-LC Momento di feedback e apprendimento verbale. *Recensione della ricerca educativa*, v. 58, n. 1, pag. 79-97, 1988.

KNOX, Jeremy. *El Posthumanismo y los MOOC: Apertura del materiale dell'educazione digitale*. Londra: Routledge, 2020.

LANCASTER, T.; CULWIN, F. Confronto dei motori di rilevamento del plagio del codice sorgente. *Istruzione in informatica*, v. 14, n. 2, pag. 101-112, 2004.

LECUN, Yann; BENGIO, Yoshua; HINTON, Geoffrey. Apprendimento approfondito. *Natura